Zensho W. Kopp

Das Erwachen zum wahren Selbst

Inhalt

Einführung in den allumfassenden Zen-Weg

Das wahre Selbst, die Urquelle allen Lebens

Der unersättliche Wissensdrang unserer menschlichen Natur hat uns weit über die Grenzen unseres Erdenplaneten in das All getragen. Doch uns selbst zu entdecken, haben wir dabei leider vergessen. Wir suchen nicht nach unserem wahren Sein, sondern »das ganz andere«, die Wirklichkeit hinter allem, ohne zu ahnen, dass wir diese nur in uns selbst finden können.

Aufgrund dieser Unkenntnis sind wir ständig bemüht, dauerhaftes Glück und Zufriedenheit in der äußeren Welt zu erlangen, ohne zu erkennen, dass die Quelle allen Glücks, als unser wahres Sein, in uns selbst stets gegenwärtig ist.

In der durch unsere geistige Blindheit bedingten Unkenntnis unserer innewohnenden göttlichen Natur sind wir so mit den Belangen des täglichen Lebens beschäftigt,

Selbst in seinem Inneren zu erleben. Denn es ist die aus sich selbst seiende Urquelle allen Lebens, aus der alles Leben in nie endender Fülle hervorgeht. Wir leben und atmen aus ihr, ohne uns dessen bewusst zu sein.

Die allumfassende Ganzheit des Seins

In der Rückbesinnung und Bewusstwerdung dieser unserer in Vergessenheit geratenen göttlichen Natur liegt der Schlüssel zur Erkenntnis unseres wahren Seins und einem sinnerfüllten Leben. Diese Erkenntnis liegt jedoch vollkommen jenseits der Möglichkeit unseres verstandesmäßigen Erkennens. Denn sie kommt aus den Tiefen einer unmittelbaren mystischen Erfahrung.

Hier gelangen wir zu einer höheren Sichtweise, und es offenbart sich uns die Wahrheit, dass wir die ganze Zeit von einem ungeteilten, absoluten Sein erfüllt, getragen und umgeben sind. Je mehr wir uns so unserem wahren Selbst wieder zuwenden, umso mehr schwinden alle Differenzierungen und Täuschungen und umso tiefer erleben wir die allem innewohnende göttliche Einheit.

In dieser Befreiung von unserer begrenzten, konditionierten Sichtweise werden wir mehr und mehr erkennen, dass unser Bewusstsein kein kleines, für sich bestehendes Bewusstsein ist. Vielmehr ist es ein allumfassendes, geburt- und todloses, grenzenloses Sein, das alles in sich beschlossen hält.

Wir sind Teil einer grenzenlosen, kosmischen Wirklichkeit und zugleich, im tiefsten Grunde unseres Seins, die allumfassende Ganzheit selbst.

Die Frage nach dem Sinn unseres Lebens ist letztlich eine Frage nach unserem wahren Selbst. Es ist die Frage nach dem, wer und was wir im Grunde unseres Wesens wirklich sind. Sie lässt sich jedoch nur beantworten, wenn wir in der mystischen Versenkung in unserem allerinnersten Wesensgrund unser wahres Selbst als das allen Wesen gemeinsame göttliche Selbst erkennen.

Wiesbaden, Sommer 2016 Zensho W. Kopp

1

Alles ist der Eine Geist

Unsere ursprüngliche, göttliche Natur

Die Allgegenwart des Einen Geistes durchdringt das ganze Universum. Aller Wechsel und Wandel ist die fortschreitende Selbstentfaltung und Selbstverwandlung dieses Allgeistes. Es ist die Bewusstwerdung des unaussagbaren göttlichen Urgrundes.

Die ganze unendliche Vielfalt unserer erlebten äußeren Erscheinungswelt ist somit die Manifestation dieses einen, allumfassenden Geistes und das Universum seine Offenbarung.

Die dynamische Natur des Universums erstreckt sich vom kleinsten Atom bis in die großen Dimensionen der Galaxien. Alles befindet sich in unaufhörlicher Bewegung, die aber letztlich nur im Geist stattfindet. Der Geist ist die Grundlage von allem, »aus ihm, durch ihn und in ihm sind alle Dinge«, und außerhalb des Geistes existiert überhaupt nichts.

In dem Augenblick, wenn wir unsere geistige Blickrichtung vom Äußeren abkehren und in der meditativen Schau nach innen wenden, werden wir erkennen, dass dieser Eine Geist unser wahres, göttliches Selbst ist.

Im Dunkel des Herzens, in unserem Allerinnersten, leuchtet er als ein strahlendes Licht, das gleich einer ewigen Flamme das ganze Universum erleuchtet.

Dieses, unser wahres Wesen, ist die allen unseren Erfahrungen zugrunde liegende Wirklichkeit. Es ist das wahre Selbst, durch das wir leben, fühlen und bewusst sind und das uns befähigt, die Welt zu erfahren. Es ist weder kommend noch gehend, allgegenwärtig, still und rein und außerhalb von Raum und Zeit. Als die reine Urquelle allen Seins ist es ungeboren und unzerstörbar, denn es ist das absolute Sein, die endgültige, tiefste Bedeutung und der Sinn allen Lebens.

Doch diese unsere ursprüngliche, göttliche Natur ist stets von einer Vielzahl von Leidenschaften und Vorstellungen überdeckt. Das ununterbrochene Fließen des unaufhörlich Begriffe fabrizierenden Verstandes und unsere tief verwurzelten Denkgewohnheiten legen einen dunklen Schatten auf unser wahres Selbst.

Fasziniert von diesem Schauspiel auf der Oberfläche unseres Bewusstseins sind wir unfähig, uns davon zu lösen. So befinden wir uns im Zustand der Verdunkelung und Verwirrung des Geistes und sind in unseren eigenen Projektionen gefangen. Durch diese Fehlwahrnehmung geblendet, können wir die Wirklichkeit unseres wahren Seins nicht mehr wahrnehmen. So wandern wir von Inkarnation zu Inkarnation, verloren im Leidensmeer des Samsara, dem Kreislauf von Geburt und Tod.

Solcherart gefangen im Traum einer vermeintlichen, vielheitlichen Welt, haben wir uns selbst verloren und wissen nicht mehr, wer wir im Grunde unseres Wesens wirklich sind.

Da diese Traumwanderung jedoch nur eine »Vision« ist, können wir von einem wirklichen Geschehen, als einem tatsächlichen Ereignis, nicht sprechen. Wir glauben zwar, uns in einer dreidimensionalen, vielheitlichen Welt von Raum und Zeit zu bewegen, die getrennt von uns existiert – doch in Wirklichkeit findet alles nur im Geist statt. Im Shraddhotpada-Shastra, einer buddhistischen Schrift aus dem 2. Jahrhundert, heißt es:

> Alle Dinge in der Welt sind unwirklich und trügerisch; es sind nur Projektionen des Geistes. Gleich den Bildern, die in einem Spiegel erscheinen, entbehren auch alle Dinge in Wirklichkeit jeder wahren Substantialität; sie sind unwahr, illusionär und »Nur-Geist«.

Die Nur-Geist-Lehre des Zen

Das, was wir im Allgemeinen als die Realität unserer erlebten Außenwelt bezeichnen, hat in Wahrheit nicht mehr Substanz als ein Traumgebilde.

Mit den Worten des chinesischen Zen-Meisters Hanshan aus dem 17. Jahrhundert:

> Die Dinge dieser Welt sind nur Erscheinungen eines Traumes. Wenn man erwacht, verschwinden der Träumer und die Erscheinungen.
> Was in einem Traum lebt, muss mit dem Traum sterben; aber hinter dem Traum steht ein wahrhaftiges Sein, das nicht mit dem Traum vergeht.

Alles, was wir in der Welt wahrnehmen, auch die scheinbare Festigkeit der Substanz, ist demnach nichts anderes als die illusorische Vorstellung des Geistes. Unsere früheren Gedanken und Handlungen haben bestimmte karmische Tendenzen in uns erzeugt, die Ursache dafür sind, dass unser Geist diese Welt projiziert, die wir jetzt erleben. Was wir als solide, konkrete äußere Welt wahrnehmen, ist in Wirklichkeit nichts weiter als eine Summe von Ereignissen und Objekten der Wahrnehmung, die sich gegenseitig bedingen und voneinander abhängig sind. Alles beruht auf einer gegenseitigen Wechselwirkung.

Das heißt: Es gibt keine unabhängige Existenz. Die Welt, die wir erleben, existiert nicht wirklich, sie ist nichts weiter als eine Täuschung – eine aus unseren eigenen Geistesregungen hervorgegangene Manifestation.

Wenn wir aber meinen, durch die sinnliche Wahrnehmung einer äußeren Welt auch auf ihr tatsächliches Vorhandensein schließen zu können, unterliegen wir einem gewaltigen Irrtum.

Den einzigen Beweis, den wir hier erbringen können, ist der der Funktionsfähigkeit unserer Sinne. Doch da unser Körper und somit auch unsere Sinne nur Vorstellungen des Geistes sind, beweist das nur, dass unser Bewusstsein die Sinneseindrücke erfährt.

Da wir die äußere Welt, die wir erleben, nur mittels unserer sechs Sinne und des Bewusstseins wahrnehmen, müssen wir uns demzufolge eingestehen, dass die einzige Welt, von der wir überhaupt sprechen können, die Welt unserer subjektiven Erfahrung ist.

Dies bedeutet in letzter Konsequenz: Die Welt ist nichts anderes als »unsere Vorstellung«.

Ein sehr gutes Beispiel für die Nur-Geist-Lehre ist die folgende Begebenheit aus dem 8. Jahrhundert in China:

> Die Tempelfahne über dem großen Tor des Zen-Klosters des sechsten Patriarchen Hui-neng flattert im Wind hin und her. Zwei Mönche stehen unter der Fahne und streiten sich darüber. Der eine sagt: »Schau, wie die Fahne sich bewegt«, der andere meint: »Nein, es ist der Wind, der sich bewegt.« So diskutieren sie hin und her und können sich nicht einigen.
>
> Plötzlich steht der sechste Patriarch hinter den beiden laut sich ereifernden Streithähnen und sagt: »Weder der Wind noch die Fahne bewegen sich. Einzig und allein der Geist bewegt sich.«

2

Die grenzenlose Weite des Geistes

Bewusstseinsverengung

Alles ist der Eine Geist, neben dem nichts anderes existiert. Unendlich und alldurchdringend durchstrahlt er in seiner Grenzenlosigkeit das ganze Universum.

In unserem Erwachen aus dem Traum einer äußeren Erscheinungswelt werden wir erkennen, dass dieser Eine Geist unser wahres, göttliches Selbst ist und dass es keine verschiedenen individuellen Selbste gibt.

In der durch unsere geistige Verblendung bedingten Unkenntnis dieser Tatsache haben wir jedoch ein künstliches Ich erzeugt mit dem damit verbundenen Glauben, ein von allem anderen getrenntes Einzelwesen zu sein. Dieses fälschliche Ichgefühl verschleiert unseren Blick für die Wirklichkeit unseres wahren Seins und ist so die eigentliche Ursache unserer Unwissenheit.

Wir wissen nicht, dass wir im Grunde unseres Wesens der Eine Geist, die geburt- und todlose Wirklichkeit, sind. Wir haben unsere ursprüngliche, wahre Natur vergessen und leben unser Leben in der Identifizierung mit Körper, Sinnen und Verstand. So haben wir uns zu Sklaven des Karma-Gesetzes von Geburt und Tod gemacht.

Das individuelle Ich ist letztlich nichts anderes als der durch das dualistische und somit eingrenzende Denken hervorgerufene »mikrokosmische Teilaspekt« dieses allumfassenden Einen Geistes. Die grenzenlose Weite des Einen Geistes hat sich so zum kleinen Kreis des individuellen Bewusstseins verengt.

Es ist, als schauten wir durch einen Strohhalm hindurch in den Himmel und hielten das solcherart begrenzte Wahrnehmungsfeld für den ganzen Himmel. So halten wir an unserer dualistischen, verengten Sichtweise fest, als wäre sie die absolute Wahrheit.

Wir halten uns fest an unseren konditionierten Vorstellungen und bewegen uns nur innerhalb unserer selbst geschaffenen Grenzen, so dass wir all das, was über unser begrenztes Vorstellungsvermögen hinausgeht, für unmöglich halten.

In einem alten indischen Gleichnis wird die Situation des in seiner begrenzten Betrachtungsweise gefangenen Menschen mit einem Frosch im Brunnen verglichen.

> Ein Frosch lebte seit langer Zeit in einem alten Brunnen, der sich am Rande des Meeres befand. Er wurde in ihm geboren und wuchs darin auf.

Eines Tages fiel ein Fisch, der aus Versehen aus dem Meer gesprungen war, in den Brunnen.
Als der Frosch sich von seinem ersten Schreck erholt hatte, fragte er vorsichtig den Neuankömmling: »Was bist denn du für ein sonderbares Wesen und wo kommst du überhaupt her?«
Der Fisch antwortete: »Ich bin ein Fisch und komme aus dem großen Meer.«
»Vom großen Meer?«, fragte der Brunnenfrosch ganz erstaunt. »Wie groß ist denn das Meer?«
»Sehr groß«, gab der Fisch zur Antwort.
Der Frosch streckte seine Beine nach beiden Seiten aus und fragte: »Ist das Meer so groß?«
»Es ist viel größer!«, sagte der Fisch.
Da hüpfte der Frosch mit einem gewaltigen Sprung von der einen Seite des Brunnens zur anderen hin und fragte : »Ist es etwa so groß?«
»Mein Freund«, sprach da der Fisch, »das Meer ist so groß, dass du es nicht mit deinem Brunnen vergleichen kannst.«
»Ha!«, rief da der Frosch, »jetzt hast du dich verraten, du Lügner! Denn etwas Größeres als meinen Brunnen kann es gar nicht geben!«

Im Schattendunkel der Maya

Solange wir unser wahres Wesen des unbegrenzten überweltlichen Geistes mit allen Arten von Begriffen und Vorstellungen überdecken, befinden wir uns in diesem bedauernswerten Zustand der Bewusstseinsverengung. Die Folgeerscheinung ist, dass wir nur einen winzigen Ausschnitt, einen kleinen Teilaspekt der gesamten Wirklichkeit, erfassen können.

In diesem Zustand der Bewusstseinsverengung ist sich der Mensch der Universalität seines Geistes nicht mehr bewusst. So lebt er ein kümmerliches Dasein im Schattendunkel der Maya – dem großen Trugbild einer scheinbar äußeren Erscheinungswelt.

Wie wir uns aus dieser Leidenswelt befreien können, erklärt uns Milarepa, einer der bedeutendsten Meister des tibetischen Buddhismus aus dem 12. Jahrhundert:

> Wenn jemand im eigenen Geist sich besinnt auf den ursprünglichen Zustand seines Geistes, dann lösen sich alle trügerischen Gedanken von selber auf in das Reich der letzten Wirklichkeit. Dann ist

> niemand mehr zu finden, der Leiden verursacht,
> und niemand, der leidet.
> Das erschöpfendste Studium der buddhistischen Schriften lehrt uns nicht mehr als dies Eine.

Wollen wir ernsthaft auf den Grund allen Seins hinabtauchen, müssen wir alle unsere geliebten und gewohnten Wortbegriffe und Vorstellungen opfern und uns einem neuen Weg der Betrachtung öffnen. Erst dann werden wir der durch das begrenzende, begriffliche Denken hervorgerufenen Versklavung entrinnen.

Solange wir zu diesem Schritt nicht bereit sind, bleiben wir am »Finger, der zum Mond weist«, hängen, in der irrtümlichen Ansicht, der Finger sei das Ziel, auf das er hinweist. Im Lankavatara-Sutra, einer der wesentlichen Schriften des Mahayana-Buddhismus, heißt es:

> Wenn ein Mensch mit dem Finger auf etwas weist, so könnte der Finger irrtümlich als das Ding genommen werden, auf das hingewiesen werden sollte. In gleicher Weise sind die Unwissenden und Einfältigen unfähig, die Idee aufzugeben, dass im Wort der Sinn selber enthalten sei.

Zen-Meister Hui-neng, der sechste Patriarch des Zen aus dem 8. Jahrhundert, sagt hierzu:

> Die den Sinn kennen, sind über sinnleere Worte hinausgegangen und haben die Buchstaben transzendiert. Wer den Sinn erlangt, der vergisst die Worte; er schaut den Grund und lässt alle Lehren weit hinter sich.

3

Zen – jenseits des Denkens

Das augenblickliche Erfassen der Wirklichkeit

Es ist eine unumstößliche Tatsache, dass unsere gewohnte logische Denkweise unfähig ist, unser ursprüngliches, wahres Wesen und somit die grundlegende Natur aller Dinge zu verstehen. Deshalb halten die Meister des Zen nichts von abstrakten Erklärungen und mühseligen philosophischen Debatten, die uns nur in das Rankengewirr des logischen Dualismus verstricken.

Alle Philosophien und religiösen Systeme sind Folgeerscheinungen verstandesmäßiger Spekulationen. Man mag diesen Lehren allenfalls einen hinführenden, vorbereitenden Wert zugestehen.

Doch in den Augen der alten chinesischen Zen-Meister wie Lin-chi, Hui-neng oder Yün-men waren alle Schriften des traditionellen Buddhismus nur wertloses Papier. So sagt auch der chinesische Zen-Meister Hung-jen (7. Jh.):

> Haben wir erst einmal erkannt, dass die Buddha-Natur in allen Wesen so rein ist wie die Sonne hinter den Wolken, brauchen wir uns nur darum zu

> bemühen, dass der grundlegende, wahre Geist vollkommen klar bleibt, damit die Wolken der irrenden Gedanken sich auflösen und die Sonne der Erkenntnis hervorstrahlt.
> Was braucht man sich da noch groß Wissen anzueignen über die Leiden der Geburt und des Todes, über alle möglichen Lehrmeinungen und Prinzipien und über vergangene, gegenwärtige und künftige Dinge? Es ist, wie den Staub von einem Spiegel zu wischen; sobald der Staub ganz beseitigt ist, scheint die Klarheit von selbst auf.

In diesen Worten von Zen-Meister Hung-jen kommt das ursprüngliche, authentische Zen der alten Meister zum Ausdruck. Es ist die reine Form des chinesischen Chan, von der hier in diesem Buch die Rede sein wird und die sich von dem heutzutage vermarkteten Zen-Buddhismus wesentlich unterscheidet.

Das ursprüngliche, lebendige Zen der alten chinesischen Meister ist die Wahrheit jenseits aller Gegensätze. Es zeichnet sich aus durch radikale Unabhängigkeit und lässt sich nicht durch weitschweifige Erörterungen und scharfsinnige Spekulationen verstehen. Es ist die Wahrheit des augenblicklichen Erfassens der Wirklichkeit und deutet immer unmittelbar auf den »Herz-Geist« – das wahre Wesen des Menschen.

Zen ist stets von erfrischender Direktheit, ohne alles übrige Drum und Dran, und somit eine Sache der reinen Erfahrung. Wie das Wasser, das durch die Finger rinnt, entzieht es sich jeder Begriffsbestimmung. Die Dinge sind vollkommen klar, aber sie werden unklar durch unser unterscheidendes, begriffliches Denken.

Zen hat nur ein einziges Ziel: Es will alle unsere Verhaftungen an Worte und unsere konditionierte Vorstellung von Körper, Geist und Welt gründlich zerstören, damit wir aus dem Traum von Geburt und Tod erwachen.

Es erhebt sich über jede Logik des sogenannten gesunden Menschenverstandes und wendet sich unmittelbar an die geistige Intuition des Menschen. Deshalb bleibt es für denjenigen unverständlich und rätselhaft, der glaubt, Zen ausschließlich mit seinem Verstand erfassen zu können.

Aber da wir Menschen in unserem blinden Vertrauen auf unseren Verstand alles mit dem Kopf machen wollen, haben wir uns den Zugang zur Erkenntnis der Wahrheit jenseits aller Worte selbst verbaut. Hinter jeder

Antwort, die wir mit den Mitteln des unterscheidenden, begrifflichen Denkens gefunden haben, erhebt sich eine neue Frage, und je mehr wir auf das Ziel zugehen, umso mehr entfernen wir uns von ihm.

Befreiung vom Denkzwang

Wir neigen im Allgemeinen dazu, scheinbar einleuchtende Fragen zu stellen und uns unentwirrbar in diese zu verstricken. Doch solange wir uns nur auf unseren Verstand verlassen, haben wir keine Möglichkeit, diesem Teufelskreis zu entrinnen, deshalb heißt es im Zen:

> Lass alles hinter dir! Wirf deine verstandesmäßigen, vorgefassten Anschauungen fort und erkenne die Dinge so, wie sie sind!

Auf dem Weg des Erwachens zu unserem geburt- und todlosen, wahren Selbst geht es vor allem darum, dass wir uns von dem verselbstständigten, unterscheidenden Denken befreien, das wie dunkle Wolken unser wahres Wesen verhüllt.

Wir könnten unser wahres Wesen jetzt sofort, in diesem Augenblick, erfahren, aber es ist uns nicht möglich, weil unser Bewusstsein nicht im unmittelbaren Augenblick verweilen kann. Unsere Gedanken wandern ständig weiter, denn wir sind immer auf der Flucht vor der absoluten Gegenwart des Jetzt.

Die Unfähigkeit, das unterscheidende Denken anzuhalten, ist ein krankhafter Zustand, bei dem man sich unentwirrbar in das Rankengewirr der Begriffe verstrickt. Die meisten können das jedoch nicht nachvollziehen und halten diesen Zustand für normal, weil fast jeder unter dieser Krankheit leidet.

Mit den ausdrucksstarken Worten des chinesischen Zen-Meisters Huang-po aus dem 9. Jahrhundert:

> Alles unterscheidende, begriffliche Denken ist eine irrtümliche Meinung, und das Nichtbezweifeln von Worten ist eine schlimme Krankheit.

Doch wie können wir uns dauerhaft vom verselbstständigten Denken befreien? Wir können uns nicht befreien, indem wir versuchen, das Denken gewaltsam zu unterdrücken. Denn jeder Versuch, es zu unterdrücken, würde nur zu einem geistigen Spannungszustand führen.

Sich vom Denken zu befreien heißt vielmehr, sich von dem konditionierten, unser wahres Wesen verdunkelnden Denkzwang zu lösen. Dies geschieht durch die Loslösung von der Identifikation mit dem Verstand – als Ursache des zwanghaften Denkens – und durch unmittelbares Gegenwärtigsein im Hier und Jetzt.

Nach der Lehre des Zen besteht die Praxis der wahren Zen-Meditation deshalb nicht darin, die Gedanken willentlich zu unterdrücken. Vielmehr geht es darum, sie absichtslos, ohne Bezugnahme und frei von Werturteilen, zu betrachten, so wie die Wolken am Himmel vorüberziehen. Denn die sich erhebenden Gedanken sind nichts weiter als Projektionen des egobildenden Erinnerungsgeflechts unserer toten Vergangenheit.

Im reinen Gewahrsein des Geistes

Begnügt man sich damit, die Gedanken im Augenblick ihres Entstehens nur zu betrachten und bleibt dabei im reinen Gewahrsein des Geistes, dann verschwindet die mentale Unruhe, und der leere Zwischenzustand zwischen den Gedanken weitet sich aus. So sagt auch der chinesische Zen-Meister Pai-chang (9. Jh.):

> Sollte dein Geist abschweifen, so folge ihm nicht, und dein abschweifender Geist wird von selbst aufhören umherzuschweifen. Sollte dein Geist den Wunsch haben, irgendwo zu verweilen, so folge ihm nicht und verweile nicht dort, und deines Geistes Suche nach einem Ort zum Verweilen wird von selbst ein Ende finden.
>
> Dadurch wirst du in den Besitz eines nicht-verweilenden Geistes gelangen – eines Geistes, der im Zustand des Nicht-Verweilens bleibt.
>
> Wenn du dir vollkommen eines nicht-verweilenden Geistes in dir bewusst bist, wirst du entdecken, dass es einzig die Tatsache des Verweilens

gibt, nichts aber, bei dem man oder bei dem man nicht verweilen könnte.
Dieses vollkommene Gewahrsein eines in dir selbst bei nichts verweilenden Geistes ist bekannt als »eine klare Wahrnehmung seines eigenen Geistes haben« oder, mit anderen Worten, »eine klare Wahrnehmung seines wahren Selbst haben«.

Durch die Verwirklichung dieses Gegenwartsbewusstseins, im Zen auch Augenblicksbewusstsein genannt, können wir die Macht der täuschenden Gedanken und aller Konzepte durchbrechen. Wenn so, innerhalb eines Augenblicks, alles Denken plötzlich endet, haben wir den freien Zustand reiner Bewusstheit erreicht und können unser wahres Wesen – hell und leuchtend – bis auf den Grund wahrnehmen.

In der absoluten Gegenwart des Hier und Jetzt offenbart sich das Ewige. In diesem Augenblick, genau hier an diesem Ort, offenbart sich die Herrlichkeit des göttlichen Seins. Sie liegt weder in der Vergangenheit noch in der Zukunft.

Die höchste Wahrheit befindet sich direkt vor uns, jetzt-hier, nichts könnte näher sein. Doch sobald wir darüber nachdenken, verfallen wir dem Irrtum und befinden uns im Da und Dort und somit vollkommen außerhalb der Wirklichkeit.

Wären wir uns aber der wahren Natur unseres geburt- und todlosen Geistes bewusst, so würden wir erkennen, dass die Welt unserer Sinneswahrnehmungen, einschließlich unserer intellektuellen Reflektionen, nur einen winzigen Bruchteil der Wirklichkeit ausmacht.

Wir würden erkennen, dass in dem Augenblick, in dem wir alle willkürlichen Vorstellungen aufgeben, sich uns unendliche und vorher nicht geahnte Möglichkeiten eröffnen, und die Grenzenlosigkeit des universellen Bewusstseins würde sich vor uns auftun.

4 Die Suche nach dem Glück

UNION KRANKENVER 4108000

Name, Vorname des Versicherten

Molitor

Mechthild — geb. am 26.10.58

Rotenbühlerweg 4

66123 Saarbrücken — 04/13

02236722 — 0001

Datum 09.01.17

Bezugsdatum	Apotheken-Nummer / IK

Gesamt-Brutto

Arzneimittel-/Hilfsmittel-/Heilmittel-Nr.	Faktor	Taxe

Rp. (Bitte Leerräume durchstreichen)

Meteoreisen Globuli Velati Wala 20G N1;
(10-10-10-0)

– – –
– – –
– – –
– – –

Gemeinschaftspraxis
Dres. Schweig/ Dr. Lembe
Dr. Norbert Schweig
Arzt für Allgemeinmedizi
Ottweiler Str. 62
66113 Saarbrücken
Tel 0681/46444
738125000

Unterschrift des Arztes

Dieses Rezept können Sie nicht zur Erstattung bei Ihrer gesetzlichen Krankenkasse einreichen.

Bewusstwerdung der Vergänglichkeit

Ohne zu wissen, was wir eigentlich suchen, streben wir nach dauerhaftem Glück und wollen Leid vermeiden. Doch welche Freude uns das Leben auch bescheren mag, jedes Glück, ja alles, was wir lieben, ist letztlich nur von begrenzter Dauer. Und so leiden wir, weil wir uns durch die Macht der gewohnheitsbedingten dualistischen Täuschung an das Vergängliche anklammern und es festhalten wollen.

In unserer Illusion vom dauerhaften Glück klammern wir uns am Leben fest. Das Ich heftet sich fest an sein vom Ich–Wahn begrenztes Leben mit seinem Gefühl von Individualität. Es möchte seinem Pseudo-Sein möglichst unbegrenzte Dauer verleihen und niemals sterben.

Doch dieses illusorische Leben, an das sich das Ich anklammert, ist, weil es uns von unserem wahren, göttlichen Selbst trennt, in Wirklichkeit nichts anderes als der Tod. Denn je mehr wir in unserer geistigen Verblendung vom Ich-Wahn besessen sind, umso weniger ist Gott, als die Urquelle allen Lebens, in uns gegenwärtig. Wer sich jedoch der Vergänglichkeit alles Irdischen und der aus der Anhaftung an das Vergängliche resultierenden Leidhaftigkeit bewusst geworden ist, gelangt zu einer höheren Sichtweise mit einer inneren Loslösung von den Dingen.

Er wird kein Verlangen mehr verspüren, sich – wie ein Goldhamster im Laufrad – in sinnloser Aktivität zu bewegen. Er ist zu jener Klarsicht gelangt, die ihm all das hat bewusst werden lassen, worüber die Aufmerksamkeit der meisten Menschen im Zustand geistiger Unbewusstheit nur oberflächlich dahingleitet.

Denn er hat erkannt, dass alles, was wir erreichen, uns niemals wirkliche Befriedigung geben kann, da wir ja eigentlich, ohne es zu wissen, etwas ganz anderes suchen, weshalb der christliche Mystiker Aurelius Augustinus aus dem 4. Jahrhundert sagt:

> Du, oh Gott, hast uns zu Dir hin erschaffen, und so ist unser Herz unruhig, bis es ruht in Dir.

Da alles, was wir erreichen, uns somit keine endgültige Zufriedenheit geben kann, bleiben wir innerlich unerfüllt und setzen unsere Ziele immer höher. Doch jeder Versuch, einen Zustand dauerhafter Zufriedenheit auf den unbeständigen, vergänglichen Freuden dieser Welt aufzubauen, muss letztlich in Enttäuschung enden.

Wir greifen nach dem, was wir für Gold halten, und haben in den Händen letztlich nichts als trockenen Sand, der uns zwischen den Fingern zerrinnt.

Wir Menschen jagen nach dem Glück, indem wir mit allen Mitteln versuchen, unsere Wünsche zu befriedigen; wenn sie erfüllt werden, sind wir zufrieden – wenn nicht, sind wir unzufrieden. Das Verhängnisvolle jedoch ist, dass die Wünsche wie ein Buschfeuer brennen und nach immer mehr Brennstoff verlangen.

Innere Losgelöstheit

Die meiste Zeit unseres Lebens werden wir von einem bestimmten oder auch unbestimmten Verlangen nach diesem oder jenem geplagt, nur um das kurze, vergängliche Glück des Augenblicks zu erhaschen.

Wir neigen dazu, Glück mit Vergnügen zu verwechseln, ohne zu erkennen, dass Vergnügen nur eine Illusion, ein Schatten des Glücks ist. In diesem Wahn verbringen die meisten von uns ihr ganzes Leben, ständig auf der Suche nach neuen Vergnügungen.

Doch alles ist vergänglich und kann uns kein andauerndes, wahres Glück bescheren. Demzufolge kann wahres Glück nur im Unvergänglichen gefunden werden, nur in dem, was unabhängig ist von Raum und Zeit. Denn die Gegenwart ist nicht greifbar, die Vergangenheit ist nur ein Gedanke und die Zukunft gleichermaßen.

Wir können keinen Augenblick festhalten, ohne dass sich nicht sofort die Vergangenheit seiner bemächtigt und ihn zur Erinnerung werden lässt.

Buddha weiß die Tatsache der Flüchtigkeit des Lebens mit äußerst kraftvollen Worten zu beschreiben:

> Diese Welt geht vorüber, und alles, was wichtig ist, fliegt vorbei. Jeder muss aus seinem Traum erwachen. Es ist keine Zeit zu verlieren, und deshalb: Bemüht euch ohne Unterlass!
> Unbeständig ist das ganze Dasein, wie Wolken im Herbst. Gleich einem Schauspiel sind Geburt und Tod auf der Bühne des Lebens. Wie ein Blitz am Himmel verfliegt das Leben, es fließt vorbei, wie ein Sturzbach den Berg hinabrauscht.

Die Vergänglichkeit all dessen, was wir mit unseren Sinnen wahrnehmen, ist eine der hauptsächlichen Ursachen unserer Leiderfahrung. Diese Welt ist vergänglich, und Vergänglichkeit ist leidvoll. Doch in Wirklichkeit leiden wir nicht, weil die Dinge dieser Welt vergänglich sind, sondern weil wir uns an das Vergängliche anklammern. Demzufolge leiden wir nicht, weil die Welt nicht in Ordnung ist, sondern weil »wir« nicht in Ordnung sind.

Es geht somit darum, alles innerlich loszulassen, um alles auf einer neuen, höheren Ebene zurückzuerhalten. Hierbei gelangen wir zu einer völlig neuen Sichtweise mit einer daraus resultierenden Freiheit und inneren Losgelöstheit von den Dingen. Solch ein wirkliches

Freisein von den Dingen kann aber niemals durch eine Entbehrung der Dinge selbst erreicht werden, weil diese uns noch nicht frei macht, solange wir noch Verlangen nach ihnen haben.

Nur indem wir innerlich frei werden von unseren konditionierten Projektionen auf die Dinge, lösen wir uns von unseren Anhaftungen und Begierden. Hierdurch bewahren wir einen nicht-anhaftenden Geist, überall und zu jeder Zeit, so dass wir in freier, nicht-identifizierter Weise mit den Dingen umgehen.

Das ist es erst, was uns wirklich frei macht, selbst wenn wir viele Dinge besitzen. Mit den Worten des christlichen Mystikers Meister Eckhart aus dem 14. Jahrhundert:

> Wir sollen so haben, als ob wir nicht hätten, und doch alle Dinge besitzen.

昭和十三年三月吉日建之

5 Der Weg zur höheren Bewusstheit

Die Natur des Geistes verstehen

Das innere Leersein von allen Erscheinungen ist die unausweichliche Voraussetzung zur Erfahrung unseres wahren Wesens. Was uns am Aufstieg zum Göttlichen hemmt, was uns niederhält und an die raumzeitliche Dimension fesselt, sind nicht unser Körper oder die äußeren Dinge. Vielmehr sind es unsere eigenen Projektionen mit den daraus resultierenden Verstrickungen in die Mannigfaltigkeit einer äußeren Erscheinungswelt.

Doch da die wahre Natur aller Dinge nur Geist und somit leer ist, löst sich unser Gefesseltsein an die Welt der Erscheinungen von selbst, sobald wir die trügerischen Erscheinungen durchschauen und die Natur des Geistes verstehen.

Das heißt, wir werden frei, indem wir erkennen, dass die allumfassende, reine Natur des Geistes und die Natur der Dinge eins ist. Denn alles ist der eine Geist, neben dem nichts anderes existiert.

So sagt auch der 1950 verstorbene indische Vedanta-Meister Ramana Maharshi, einer der bedeutendsten spirituellen Meister des zwanzigsten Jahrhunderts:

> Das Universum ist nur ein vom Geist erschaffenes Objekt, das im Geist existiert. Nur unsere Gewohnheit, die Welt als real und außerhalb unserer selbst zu sehen, verdeckt unser reines, wahres Sein.

Alles, was wir wahrnehmen und erleben, ist nicht real, sondern Produkt unseres projizierenden Geistes. Somit ist die äußere Erscheinungswelt, ja der ganze Kreislauf von Geburt und Tod, in Wirklichkeit nichts anderes als das Produkt von Funktionsweisen unseres Geistes und keine äußere Erfahrung.

Wir sind davon überzeugt, dass alles, was wir erleben, ob Freude oder Leid, durch eine reale Außenwelt hervorgerufen wird. Deshalb glauben wir, dass alle unsere Probleme verschwinden, wenn wir die äußere Situation unserer Vorstellung entsprechend verändern. Dies ist aber ein gewaltiger Trugschluss, der uns an den Samsara, den Kreislauf von Geburt und Tod, bindet.

Denn wo wir auch hingehen und welche Veränderungen wir im Äußeren auch vornehmen mögen, so finden wir uns doch stets in den gleichen Situationen wieder. Die äußere Kulisse auf der Schauspielbühne des Lebens hat sich geändert, aber das Schauspiel bleibt das gleiche.

Doch wenn wir durch die Praxis der Meditation zu mehr Bewusstheit mit einer höheren Klarschau gelangen, werden wir erkennen, dass wir alle diese Erfahrungen, unter denen wir leiden, selbst erschaffen.

Auf diese Weise werden wir verstehen, welche Denk- und Verhaltensweisen für unsere spirituelle Verwirklichung und unser Glück förderlich sind und welche wir aufgeben müssen, um wirklich Befreiung zu erlangen.

高
野
山

Loslösung von Konzepten

Jede unserer Handlungen erzeugt einen energetischen Impuls, der auf seinen auslösenden Faktor, also den Handelnden, zurückreflektiert. Wir ernten also, nach dem universellen Gesetz des Karma von Ursache und Wirkung, immer genau das, was wir säen.

Wenn wir den Samen einer giftigen Pflanze säen, werden wir unweigerlich giftige Früchte ernten, und der Same einer Heilpflanze wird eine Pflanze mit heilender Wirkung hervorbringen.

Ob es uns gefällt oder nicht, alles, was in unserem Leben geschieht, ist die Folge von Gedanken und den daraus resultierenden Handlungen. Der eigentliche karmaauslösende Faktor ist demzufolge mehr in unserem Denken zu finden, das ja die Entscheidung zur Handlung trifft, als in den Handlungen selbst.

Alles, was in unserem Leben geschieht, ist die Folge von Entscheidungen, die wir irgendwann einmal vorher getroffen haben. Das Verhängnisvolle hierbei ist aber, dass die meisten Menschen ihre Entscheidungen unbewusst treffen. Wir sind zwar zu unendlich vielen

Entscheidungen fähig, aber die meisten Menschen haben sich jedoch selbst zu wahren Bündeln konditionierter Reflexe gemacht.

Diese Reflexe sind unbewusste Reaktionen auf äußere Umstände und das Verhalten anderer Menschen, die den konditionierten Menschen vorhersehbar machen. Die meisten Menschen leben unter diesem Zwang sich ständig wiederholender Verhaltensmuster und vorhersehbarer Reaktionen auf alle möglichen Umweltreize. Ihr ganzes Denken ist nur rein mechanisch und ihre Reaktionen automatisch.

Das bedeutet: In ihnen ist nichts Lebendiges, nichts Neues, nichts Schöpferisches, Ursprüngliches.

Wenn wir uns von solch einem Leben des Gefangenseins in der Zwangsjacke der unbewussten Verhaltensmuster befreien wollen, müssen wir erst einmal Abstand von uns selbst bekommen. Dies bedeutet, dass wir durch die Praxis der Zen-Meditation eine höhere Achtsamkeit verwirklichen, die dazu führt, alle Entscheidungen bewusst und ohne Emotionen zu treffen.

Hierdurch lösen wir alle unsere gewohnten Verhaltensweisen aus dem Bereich des Unbewussten heraus und heben sie auf die höhere Ebene hellklarer Bewusstheit.

Schließlich gelangen wir zu jenem Grad höherer Bewusstheit, der sich durch spontanes, nicht konditioniertes Denken und Handeln auszeichnet.

Die Befreiung aus unseren Verstrickungen ist deshalb nur möglich auf dem Wege der Erkenntnis und Bewusstwerdung der Leerheit und Unwirklichkeit aller Erscheinungen. Nur so gelangen wir zur Loslösung von unseren Konzepten und Identifikationen, durch welche die in ihrem Nichtwissen gefangenen, erdgebundenen Durchschnittsmenschen gebunden sind.

Jene sind wie lang eingesperrte Gefangene, die sich so an ihre schweren Ketten gewöhnt haben und sogar noch Gefallen daran finden, dass sie sich nicht mehr nach Freiheit sehnen.

Da ihr Geist von den Wolken ihres unterscheidenden Denkens überdeckt ist, können sie die strahlende Wirklichkeit ihres wahren Seins nicht mehr erkennen. Und so suchen sie, ohne zu wissen, was sie suchen, das, was nur im Inneren zu finden ist, im Äußeren. Der Geist, als das dem Menschen eingeborene göttliche Licht, wartet aber nur auf das Beseitigen des Nichtwissens, um, nach dem Vertreiben der dunklen Maya-Wolken unserer geistigen Umnachtung, wie die Sonne aufzustrahlen.

6

Die Wirklichkeit unseres ursprünglichen Seins

Im Ozean der Wandelwelt

Je mehr wir uns in der geistigen Klarschau der allumfassenden Ganzheit des göttlichen Seins innerhalb wie außerhalb unserer selbst bewusst werden, desto weniger werden wir an die Realität und Wichtigkeit unserer Ich-Wahn bedingten Persönlichkeit und an eine von ihr erlebte Außenwelt glauben können.

Wer jedoch nur in der Illusion seiner ichgebundenen Welt des Denkens und Fühlens lebt, wird im Ozean der Wandelwelt umhergeworfen und bleibt als Sklave seiner Konzepte an das Rad des Daseins gebunden. Und so bewegt er sich unaufhörlich von Geburt zu Geburt, besessen vom Wahn zahlloser Phantasien als leerem Blendwerk seines Denkens.

Wir sind wie der alte Bettler, der in großer Armut in einer alten, zerfallenen Hütte lebt und schließlich vor Hunger stirbt, ohne zu ahnen, dass sich unter der Hütte ein großer Goldschatz befindet.

Bodhidharma, der legendäre erste Patriarch des Zen in China aus dem 6. Jahrhundert, hat diese unsere bedauernswerte Situation sehr treffend geschildert:

> Die Menschen dieser Welt suchen Buddha in weiter Ferne. Denn sie wissen nicht, dass Buddha das Wesen ihres eigenen Geistes ist.

So lesen wir auch im Viveka Chudamani, einer der wesentlichen indischen Schriften des Vedanta aus dem 9. Jahrhundert:

> Du bist Brahman, die göttliche Wirklichkeit, das reine Bewusstsein, der Zuschauer aller Erfahrungen, und dein wahres Wesen ist Glückseligkeit.

Wir Menschen sind in unserem tiefsten Wesen Buddha, die göttliche Wirklichkeit. Wir sind das, in dem alles im Universum seinen Ursprung hat. Das heißt, wir sind nichts anderes als der Eine Geist, die ewig unwandelbare Buddha-Wesenheit, die ursprüngliche Quelle des gesamten Kosmos.

Doch bedauerlicherweise können die Menschen den Zustand ihres ursprünglichen Erleuchtetseins nicht wahrnehmen, da sie nur das für Geist halten, was denkt, fühlt und wahrnimmt. Die meisten sind sogar der Ansicht, der Geist sei nichts anderes als eine Folgeerscheinung der Gehirntätigkeit innerhalb der knöchernen Schale ihres Schädels. Sie sind fest davon überzeugt, dass unser Gehirn mittels komplexer neurologischer Vorgänge den Geist produziert. Und so betrachten solche materialistisch denkenden Rationalisten den Geist als ein Resultat von biochemischen Prozessen in den Hirnzellen.

In Wahrheit jedoch verhält es sich genau umgekehrt. Das Gehirn ist nichts weiter als eine materielle Verdichtung geistiger Energie. Demzufolge ist der Geist nicht die Folgeerscheinung, sondern die eigentliche Ursache alles Seienden und somit auch der Gehirntätigkeit.

Ursprüngliches Buddha-Wesen

Der Eine Geist ist der allen unseren Erfahrungen zugrunde liegende universale Urgrund. Mögen sich in ihm auch noch so viele Bewegungsabläufe vollziehen, so bleibt er trotz allem stets unbewegt. Nichts vermag ihn zu beflecken, und nichts seinen unendlichen Glanz zu vermindern. Deshalb sagt Zen-Meister Huang-po:

> Unser ursprüngliches Buddha-Wesen ist, vom Standpunkt der höchsten Wahrheit, ohne das geringste Teilchen von Gegenständlichkeit. Es ist leer, allgegenwärtig, still und rein. Es ist herrliche und geheimnisvoll friedvolle Freude – nichts anderes. Dringe tief in es ein, indem du selbst dazu erwachst.

Solange wir aber noch durch unser Nichtwissen geblendet sind, können wir diese geistige Herrlichkeit unseres wahren Wesens nicht erkennen. In der Identifikation mit dem Erinnerungsgeflecht unserer alten, toten Vergangenheit sind wir blind geworden für die Wirklichkeit unseres wahren Seins. Wir haben uns verfangen in dem festgefügten Muster der Erinnerung, das unser fälschliches Gefühl eines getrennten Ichs aufrechterhält.

Diese geistige Verblendung ist die eigentliche Ursache für unsere Anhaftung in der Weise des Ergreifens und Verwerfens. Es ist die Anhaftung, die wiederum das Egobewusstsein festigt und uns so an den Kreislauf von Geburt und Tod ankettet.

Auf diese Weise sind wir eingeschlossen im Bereich der trugvollen Illusionen. In unserer Identifikation mit dem Unwirklichen sind wir nicht mehr fähig, die Täuschung unseres Ich-Wahns zu durchschauen und uns auf unseren ursprünglichen Zustand, auf unsere Buddha-Natur, zu besinnen.

Hierzu die folgende Zen-Geschichte:

> Ein Zen-Mönch fragte Zen-Meister Wie-kuan: »Was ist das Tao?« Der Meister erwiderte: »Das Tao ist die allem zugrunde liegende Wirklichkeit und liegt direkt vor deinen Augen.«
>
> Der Mönch fragte weiter: »Warum kann ich es dann nicht sehen?« Der Meister sagte: »Weil du an dein Ich denkst.«

Der Mönch: »Siehst du es denn?«
Der Meister: »Solange du noch Worte gebrauchst wie ›Ich‹ und ›Du‹ und Sätze sprichst wie ›Du siehst‹ und ›Ich sehe nicht‹, kannst du das Tao nicht sehen.«
Der Mönch darauf verwirrt: »Wenn es kein Ich und kein Du mehr gibt, kann man es dann sehen?«
Der Meister: »Wenn es kein Ich und kein Du mehr gibt, wer will es dann sehen?«

7

Die Unsterblichkeit des wahren Selbst

Die Illusion der Persönlichkeit

Wenn wir das, was wir im Allgemeinen als unsere menschliche Persönlichkeit betrachten, einer genauen Analyse unterziehen, wird sich ihr Vorhandensein als Illusion erweisen. Denn wir werden feststellen, dass es sich bei ihr um nichts anderes als um eine bloße Ansammlung von Daseinsfaktoren handelt, die sich in einem ständigen Prozess der Wandlung befinden.

Diese im Buddhismus als »Skandhas« bezeichneten unpersönlichen Daseinsfaktoren sind: Körperlichkeit, Empfindungen, Wahrnehmungen, Geistesregungen und Bewusstsein. Doch diese Daseinsfaktoren sind unbeständig, ohne Substanz und somit leer. Sie enthalten weder im Einzelnen noch in ihrer Verbindung ein den Tod überdauerndes Sein.

Die ganze Persönlichkeit besteht somit aus nichts anderem als einer Kette flüchtiger Momentexistenzen und Kombinationen in der Weise schnell aufeinander folgender Bewusstseinsmomente. Durch unsere Identifikation mit diesen in funktioneller Abhängigkeit voneinander entstehenden und wieder vergehenden kurzen

Bewusstseinsmomenten entsteht dann die Wahnidee einer gesonderten, individuellen Persönlichkeit.

Haben wir jedoch erst einmal erkannt, dass die den Persönlichkeitswahn bildenden Daseinsfaktoren nicht unser wahres Selbst sind, brauchen wir ihre Auflösung im Tod auch nicht zu fürchten. Ganz im Gegenteil! Würde doch ihr Untergang für den von aller Identifikation Befreiten den Aufgang des inneren Lichtes bedeuten.

Hierzu gibt uns der chinesische Zen-Meister Huang-po eine sehr wesentliche Beschreibung. Man kann sie mit Recht als eine der besten Zusammenfassungen der Zen-Lehre bezeichnen.

> Könnte der gewöhnliche Mensch, wenn er im Sterben liegt, nur die den Persönlichkeitswahn bildenden Daseinsfaktoren und die vier physischen Elemente als leer erkennen und ganz erfassen, dass sie kein »Ich« bilden und dass der wahre Geist ohne Form ist und weder kommt noch geht, dass sein wahres Wesen weder mit der Geburt beginnt noch mit dem Tod vergeht, sondern ganzheitlich und unbeweglich in seinen Tiefen ist, und dass der Geist eins ist mit den Erscheinungen der

Umwelt – dann würde er blitzartig Erleuchtung erlangen.
Er würde die Welt übersteigen und eins sein mit dem Absoluten. Er hätte den Zustand reinen Seins erlangt. Dies ist die grundlegende Wahrheit.

Die Unausweichlichkeit des Todes ist eine unleugbare Tatsache. Dass wir eines Tages sterben werden, ist höchste Gewissheit, und die höchste Ungewissheit ist – die Todesstunde. Alle Menschen wissen zwar, dass sie einmal sterben müssen, doch die meisten haben den Gedanken, dass der Tod »jetzt«, innerhalb der nächsten Stunde, kommen kann, weit von sich geschoben.

Es ist jedoch eine Tatsache, dass die Lebenskraft so schnell von uns abfallen kann wie ein Tautropfen von der Spitze eines Grashalms. Das Menschenleben ist so leicht zu zerstören wie eine Seifenblase.

Im Augenblick des Todes

Unversehens kann uns der Tod überraschen, ob wir darauf vorbereitet sind oder nicht. Sich der Ungewissheit der Todesstunde zu jeder Zeit bewusst zu sein, ist somit von entscheidender Bedeutung.

Denn der Augenblick des Todes ist der wichtigste Moment in unserem Leben. Der Zustand unseres Geistes, in dem wir sterben, ist letztlich maßgebend für alles, was mit uns im Bardo – dem Zwischenzustand zwischen Tod und Wiedergeburt – geschieht, und somit auch für die Art unserer Wiedergeburt.

Hören wir hierzu die letzten Worte des Zen-Meisters Mjan-pu, dessen Kloster in der Sung-Dynastie von Räubern überfallen wurde. Als die Räuber beschlossen, den alten Meister mit dem Schwert zu töten, bat er sie, ihm Papier und Schreibpinsel zu geben, um seine letzten Worte niederzuschreiben:

> Ich schaue einem freudigen Ereignis entgegen, denn heute ist mein großer Glückstag, an dem ich eingehen werde in das Buddha-Paradies des

> grenzenlosen Lichtes. Bitte vollendet mein Glück mit einem Schlag eures Schwertes. Schlagt nur zu, auf was wartet ihr noch!

Die meisten Menschen haben jedoch Angst vor dem Sterben, doch das ist vollkommen unnötig. Denn der göttliche Allgeist, das heißt der Eine Geist, neben dem nichts anderes existiert – ist somit auch das Sterben. Wenn ich sterbe und die den Persönlichkeitswahn bildenden Daseinsfaktoren sich auflösen, ist es der Eine Geist selbst, der sich im Sterbeprozess in eine neue Seinsweise verwandelt.

Mit meinem Tod stirbt meine eigene Welt mit mir. Ebenso wie durch meine Geburt meine eigene Welt geboren wurde. Das heißt in letzter Konsequenz, dass ich nicht in eine schon vor mir existierende raum-zeitliche Welt hineingeboren wurde und demzufolge bei meinem Tod auch keine zurücklasse.

Der chinesische Zen-Meister Han-shan (17. Jh.) bringt dies mit folgenden Worten zum Ausdruck:

> Wesentlich ist ein unerschütterlicher Glaube in die ursprüngliche Reinheit des Selbst-Geistes. In

seiner vollkommenen Unbeschränktheit erfüllt er rund und strahlend das ganze Universum.
Ursprünglich gibt es nichts außerhalb des Einen Geistes. Es gibt keinen Körper, kein Verstandesbewusstsein und keine Welt, genauso wenig wie falsche Ideen und ein von Emotionen bestimmtes Denken.
Diese Wahrheit offenbart alle Arten von illusorischen, unwirklichen Objekten. Alle Manifestationen vor meinen Augen sind Täuschungen – sie sind nur Spiegelungen, die im wahren Geist auftauchen.

Das ewige, unwandelbare Selbst

Das, auf was es allein ankommt, ist unsere Erkenntnis der Unwirklichkeit der Persönlichkeitswahn bildenden Daseinsfaktoren und unser unerschütterliches Vertrauen in die Unsterblichkeit unseres wahren Selbst. Es ist ein Vertrauen darauf, dass sich uns im Tod ein unendlicher Horizont öffnen wird, dass wir nicht in ein leeres, totes Nichts, sondern in die strahlende Herrlichkeit des göttlichen Seins hineinsterben werden.

Wenn wir im Moment des Todes die Leerheit von Körper, Geist und Welt erkennen, dann können wir hellklar alles durchdringen, und es lösen sich alle Identifikationen und Anhaftungen von selber auf.

Dann wird mitten aus der Finsternis des Todes das göttliche Licht geheimnisvoll und wunderbar über uns aufgehen und uns aufnehmen. Wir werden verwandelt werden in die strahlende Herrlichkeit des göttlichen Seins.

Diese jenseits allen menschlichen Denkens liegende unaussprechliche Wirklichkeit ist das ewige, unwandelbare Selbst – die Grundlage aller unserer Erfahrungen.

Dieses todlose wahre Selbst wird im Buddhismus sehr klar mit den Worten Buddhas bezeugt:

> Es gibt, ihr Mönche, ein Ungeborenes, Ungewordenes und Nichtzusammengesetztes. Gäbe es dieses nicht, so gäbe es auch kein Entrinnen aus der Welt des Geborenen, des Gewordenen und des Zusammengesetzten.

Wir sind uns bewusst, dass unser Körper vergänglich ist und demzufolge dazu bestimmt ist, sich eines Tages aufzulösen. Aber dies betrifft nicht unser wahres Selbst, das weder mit der Geburt beginnt noch mit dem Tod vergeht und somit unsterblich ist. Es wird nicht berührt von den Veränderungen der Erscheinungswelt, der dieser Körper mit allem Psychischen angehört. In den Upanishaden, den heiligen Schriften der Inder, lesen wir:

> Dieses ewige Selbst wird niemals geboren, noch stirbt es jemals. Es kommt von nirgendwoher und wird nicht zu etwas. Ungeboren, immerwährend, unsterblich ist es. Es stirbt nicht, wenn der Körper stirbt.

Fast wie ein Kommentar zu diesem Abschnitt der Katha-Upanishad hören sich die folgenden Worte des christlichen Mystikers Meister Eckhart an:

> ... darum bin ich Ursache meiner selbst meinem Sein nach, das ewig ist, nicht aber meinem Werden nach, das zeitlich ist. Und darum bin ich ungeboren, und nach der Weise meiner Ungeborenheit kann ich niemals sterben. Nach der Weise meiner Ungeborenheit bin ich ewig gewesen und bin ich jetzt und werde ewiglich sein.

8

Die immerwährende Gegenwart des Selbst

Die Erfahrung unseres wahren Seins

In unserem ganzen menschlichen Leben kann es nichts Bedeutungsvolleres, nichts Wichtigeres geben als die Erfahrung unseres wahren, essenziellen Seins. Doch obwohl unser wahres Selbst, als unsere allerinnerste Wirklichkeit, der eigentliche Wesenskern eines jeden Wesens ist, sind sich nur die allerwenigsten seiner ständigen Gegenwart bewusst.

Die ewige Anwesenheit unseres wahren, geburt- und todlosen Seins bedeutet in letzter Konsequenz, dass es für jeden, der sich in der mystischen Versenkung nach innen wendet, zur lebendigen Erfahrung werden kann.

Die Erfahrung unseres wahren Selbst kann man demzufolge nicht als etwas betrachten, das zu unserem Leben hinzukommt. Das Erleben unseres wahren Seins, als Sinn und Zweck unseres ganzen Daseins, darf nichts Besonderes, Anderes, Abgehobenes sein, vielmehr ist es das wirkliche Leben selbst.

Denn als die ewige Urquelle allen Lebens ist es das Leben, das allem Leben Leben gibt. Es ist uns näher als das eigene Herz, näher als der Atem und ist, als das ursprüngliche, reine Bewusstsein, Grundlage aller Empfindungen und Wahrnehmungen. Als die wahre Natur des Geistes ist es vollkommen außerhalb dessen, was das gewöhnliche Bewusstsein zu erfassen vermag.

Es ist die aus sich selbst seiende absolute Wirklichkeit, von der die erleuchteten Meister aller Religionen über die Jahrtausende hinweg gekündet haben. Ob Buddha, Jesus, Lao-tse oder Meister Eckhart, ihnen war vor allem eins wichtig: dass der Mensch aus seinem Traum von Geburt und Tod erwacht und sein wahres, göttliches Selbst erfährt.

Wir alle leben in unmittelbarer Einheit mit unserem wahren, göttlichen Selbst – nichts könnte näher sein. Als die aus sich selbst seiende Wirklichkeit ist es im Allerinnersten eines jeden Menschen stets gegenwärtig. Wenn er dieser Tatsache nicht gewahr ist, dann allein deshalb, weil er sich, geblendet von der Faszination des Äußeren, in der Illusion von Körper, Geist und Welt verloren hat. Mit den Worten des christlichen Mystikers Meister Eckhart:

> Gott ist drinnen, wir aber sind draußen; Gott ist in uns daheim, wir aber sind in der Fremde.

Die ewige Quelle allen Lebens

Unser wahres, göttliches Selbst ist stets gegenwärtig, aber die allerwenigsten haben ein Interesse daran. Es sei denn, sie gelangen durch ihr positives Karma oder auch Leiderfahrungen in ihrem Leben dahin, dass sie sich der Unbeständigkeit des menschlichen Daseins bewusst werden und in ihnen die Sehnsucht nach dem Ewigen, Unvergänglichen erwächst.

Es gibt in unserem ganzen Leben nur eine einzige wirkliche Notwendigkeit: die Erfahrung unseres geburt- und todlosen, wahren Seins. Solange wir dieses nicht wirklich erleben, ist es nicht möglich, wahres Glück und Zufriedenheit zu finden. Egal was wir erreichen, sei es Reichtum, Ehre oder Macht, immer wird ein Gefühl bleiben, dass uns etwas Wesentliches fehlt.

In der Nichterkenntnis der immerwährenden Gegenwart seines göttlichen Selbst wendet sich der Mensch von der Quelle allen Lebens ab. Dieses Sichabwenden von der göttlichen Urquelle ist aber ein Sichabwenden vom Ewigen und Hinwenden zum Vergänglichen, vom absoluten Sein zum Nichtsein, vom Leben zum Tod.

Doch wer so als wandelnder Leichnam in der Absonderung von der Urquelle allen Lebens in stupider, gleichgültiger Unbewusstheit dahindämmert, darf nicht hoffen, im Augenblick seines Todes in die Fülle des großen Lebens einzugehen.

Verloren im Labyrinth seiner selbstgezeugten Probleme hat sich der heutige Mensch in einer gewaltigen Summe von Konflikten verstrickt, die ihn zu erdrücken drohen. Denn durch unseren Mangel an wahrer Selbsterkenntnis haben wir uns von der allumfassenden Ganzheit des Seins abgesondert und erleben uns als ein von allen anderen Wesen getrenntes Ich.

Aufgrund dieser dualistischen Sichtweise sind wir stets um die Stabilisierung unseres Pseudo-Ichs bemüht, sind nur auf unsere egoistischen Eigeninteressen konzentriert und fällen unsere Urteile über andere. Hierdurch erheben sich eine Vielzahl von Anhaftungen und Ablehnungen, die wiederum negatives Karma und unendliches Leid für uns Selbst und Andere erzeugen.

Eine Lösung all unserer selbstgezeugten Probleme kann deshalb nur dadurch geschehen, dass wir uns von der Illusion der Sonderung befreien und unser wahres Selbst als das allen Wesen gemeinsame Selbst erkennen.

Denn wenn dasselbe Sein das Herz der Selbstheit eines jeden Individuums ist, kann es keine abgegrenzte, für sich bestehende Individualität geben. Eine von allem abgegrenzte Persönlichkeit kann es genauso wenig geben wie eine Welle, die sich von allen anderen Wellen auf der Oberfläche des Meeres unterscheidet.

Alles ist das eine Meer in seiner allumfassenden Ganzheit und ebenso ist alles der Eine Geist, unser wahres Selbst, neben dem nichts anderes existiert.

Die Flüchtigkeit des Lebens

In der Nichterkenntnis unseres wahren Seins hat alles menschliche Leid seine eigentliche Wurzel. Egal was wir in diesem Leben auch erreicht haben – im Augenblick unseres Todes wird uns das alles nichts nützen und sich auflösen. Wenn wir so unser ganzes Leben bis zum Augenblick des Todes, in unserer Blindheit für das Wesentliche, ausschließlich mit Angelegenheiten dieses Lebens verbringen, so ist das ein großes Unglück, denn dann haben wir am wahren Sinn des Lebens vorbeigelebt.

Ein wesentliches Grundelement allen ernsthaften spirituellen Denkens ist der Gedanke der Vergänglichkeit alles Seienden. Man muss der Wahrheit ins Auge schauen und sich klarmachen, wie flüchtig das menschliche Leben und wie ungewiss der Zeitpunkt des Todes ist. Hinzu kommt, dass, nach den asiatischen Weisheitslehren, die menschliche Geburt etwas äußerst Seltenes ist und nur durch sie die Möglichkeit besteht, Befreiung aus dem Kreislauf von Geburt und Tod zu finden.

Da man aber nicht wissen kann, wann man sterben wird und wie lange es dauert, bis und ob man als Mensch wiedergeboren wird, sollte man augenblicklich damit beginnen, sich seinem wahren Selbst zuzuwenden. Wer jedoch wartet, bis er mehr Zeit dafür hat, wird diese Zeit wahrscheinlich nie finden.

Doch der geistig Gerufene sehnt sich in der Bewusstwerdung der Unbeständigkeit und somit Leidhaftigkeit allen Daseins nach Befreiung. Er sehnt sich nach wahrer Seinserfahrung, nach dem Berührt- und Ergriffenwerden von dem Göttlichen. Ihm geht es um die lebendige Eigenerfahrung dessen, was jenseits von Geburt und Tod ist – und dessen Anwesenheit er in seinem Allerinnersten fühlt. Denn die Gegenwart der immanenten göttlichen Wirklichkeit im Grunde unseres Seins zieht uns so zu sich hin, dass wir dazu aufgerufen sind, sie zu suchen und in der mystischen Versenkung zu finden.

Mit den Worten des chinesischen Zen-Meisters Hung-chi aus dem 12. Jahrhundert:

> Um die Wirklichkeit des Zen in seiner ganzen Tiefe zu erfahren, musst du deinen Geist klären und dich in die stille Übung des inneren Schauens deines wahren Wesens versenken.
> Gewinnst du die völlig ungehinderte Einsicht in den Ursprung des Wirklichen, so ist der Selbst-Geist offen, hell leuchtend, ohne Grenzen, ohne Mitte und Ende. Vollkommen ganz, vom Licht strahlend, leuchtet er durch das Universum und durchschneidet Vergangenheit, Gegenwart und Zukunft.

Dieses Erwachen zu unserem wahren Selbst ist aber kein Ziel, dass es zu erlangen gilt – vielmehr ist es die lebendige Erkenntnis dessen, was ist. Es ist schon immer das in uns Seiende gewesen, weil es das ist, was wir in Wirklichkeit sind.

9

Das wahre Selbst als das ewige »Ich bin«

Die ursprüngliche Quelle aller Dinge

Jenseits all dessen, was die Sinne und unser Verstand zu fassen vermögen, leuchtet inwendig in uns das ewige göttliche Licht. Doch was nützt dies dem Menschen, wenn es ihm der Empfänglichkeit für das Göttliche in seinem eigenen Inneren ermangelt, so dass er sich immer mehr in das Rankengewirr seiner geistigen Verwirrung verstrickt.

Aber so, wie ein goldenes Gefäß mit Schmutz bedeckt sein kann, ohne etwas von seinem wahren Wesen einzubüßen, liegt auch das wahre Selbst inwendig verborgen und bleibt ewig unberührt von dem es bedeckenden Schmutz der Unwissenheit.

Solange wir uns in der durch unsere geistige Verblendung bedingten Identifikation mit dem äußeren Schein noch an das Vergängliche anklammern, können wir unseren wahren Zustand des unbegrenzten, überweltlichen Geistes nicht erfahren. Wir suchen das Ewige, als die Urquelle allen Glücks, im Äußeren, Vergänglichen, ohne zu erkennen, dass unser wahres, göttliches Selbst als die Grundlage aller Erfahrungen in uns stets gegenwärtig ist.

Hierzu gibt uns der tibetische Mahamudra-Meister Padmasambhava im 8. Jahrhundert folgendes Beispiel:

> Es ist ganz unmöglich, Buddha woanders zu finden als im eigenen Bewusstsein. Jemand, der das nicht weiß, mag außen suchen, aber wie kann es möglich sein, sich selbst zu finden, wenn man woanders sucht als in sich selbst?
> Wer sein eigenes wahres Wesen außen sucht, gleicht einem Narren, der vergisst, wer er ist, und überall herumsucht, um sich selbst zu finden.

Deshalb ruft uns Meister Eckhart zu:

> Warum geht ihr aus? Warum bleibt ihr nicht in euch selbst und greift in euer eigenes Gut? Ihr tragt doch alle Wahrheit wesenhaft in euch!

Und so spricht auch Zen-Meister Huang-po im 9. Jahrhundert die mahnenden Worte:

> Heftet euch an nichts jenseits des reinen Buddha-Wesens, der ursprünglichen Quelle aller Dinge.

Da die meisten Menschen in der Absonderung von dieser Urquelle leben, entfremden sie sich zugleich von ihrem wahren Sein. Es ist die Selbstentfremdung, die im Nichtwissen des Menschen um seine wahre, göttliche Natur in seinem Inneren ihren Ursprung hat.

Die Befreiung aus dem Kreislauf von Geburt und Tod kann demzufolge nur in einer radikalen »Wende nach innen«, in einer echten »Metanoia«, einer inneren Umkehr, vollzogen werden. So sagt auch der chinesische Zen-Meister Ta-hui im 12. Jahrhundert:

> Wenn man seinen Geist jählings in die unergründliche Tiefe entsinken lässt, die Verstand und Denken niemals zu erreichen vermögen, wird man den absoluten, strahlenden Einen Geist erschauen. So erlangt man Befreiung vom Kreislauf von Geburt und Tod.

Das ewige »Ich bin«

Wenn der Mensch sich in seinen inneren mystischen Grund versenkt und seines Ichs entwird, dann wird er zu dem, den er suchte. Er wird sich als den erkennen, »der ist« – den in sich und aus sich selbst Seienden.

So wird das letzte Mysterium allen Seins in der Absolutheit des wahren Selbst in uns selbst erlebt als das ewige »Ich bin«, das wir in der Tiefe unseres eigenen Seins wahrnehmen. Denn es ist das reine Sein vor allem Seienden, da es sein Sein aus sich selbst hat und von keinem anderen Sein ableitet. Hierzu sagt Lao-tse (6. Jh. v. Chr.), der chinesische Altvater des Taoismus:

> Ein Wesen gibt es, unfassbar, vollkommen.
> Es war schon vor Himmel und Erde,
> so still, so gestaltlos.
> Allein in sich, unwandelbar,
> alles durchdringend, immerdar.
> Verborgen ist es, doch stets gegenwärtig.
> Es zeigt sich als der Ursprung
> der abertausend Wesen.

Das »Ich bin« ist die Wirklichkeit in allem, was ist. Es ist das reine Sein, die ewige Urquelle, aus der alles Leben in nie endender Fülle hervorgeht. Als die Quelle allen Bewusstseins, ist es das Bewusstsein in allem, und wer es erkennt, erlebt die ganze Schöpfung als dieses »Ich bin«.

Sind wir erst einmal zu dieser unserer innewohnenden Göttlichkeit erwacht, hat sich das ganze Sein gewandelt. Wir sind zur Quelle allen Lebens zurückgekehrt, so dass wir in einem ständigen Erleben unseren grundlegenden Herz-Geist gewahren.

Wie der weise Seher am Ende der Taittiriya-Upanishad können wir dann ausrufen:

> Wie wunderbar! »Ich bin«, noch bevor die Götter wurden. Ich bin das Zentrum und die Quelle der Unsterblichkeit. Und ich strahle wie die Sonne.

10

Der Aufgang des inneren Lichtes

INRI

Der mystische Tod

Das im mystischen Tod erfahrene Hineinsterben in den dunklen Abgrund des göttlichen Nichts ist ein Erwachen zur letzten Wirklichkeit. Das Ich entschwindet in der »dunklen Nacht der Sinne und des Geistes«, und das wahre Selbst erlebt seine Auferstehung im ewigen Glanz seines ursprünglichen Seins.

Auf der Suche nach dem göttlichen Sein muss die Seele sich selbst verloren gehen. So paradox es sich auch anhören mag: Wir können unser wahres Selbst nur erfahren, wenn es niemanden mehr gibt, der es erfahren könnte. Denn das wahre Selbst wird sich erst dann offenbaren, wenn im Augenblick des mystischen Todes das falsche Ich, das heißt die Wahnvorstellung einer gesonderten Persönlichkeit, stirbt.

Erst wenn es in einem Vergessen unserer Selbst und aller Dinge völlig Nacht in uns geworden ist, wird sich die innere Sonne der Erkenntnis erheben. Je größer die Finsternis, umso heller erstrahlt in uns das Licht.

Mit den Worten des chinesischen Zen-Meisters und sechsten Patriarchen Hui-neng im 8. Jahrhundert:

> Wenn Prajna, die transzendente Weisheit, mit ihrem grenzenlosen Licht im Inneren erstrahlt und beide durchdringend das Innere und Äußere erleuchtet, werdet ihr euren eigenen ursprünglichen Geist erkennen. Wenn ihr euren eigenen Geist als den wahren Einen Geist, neben dem nichts anderes existiert, erkannt habt, bedeutet das für euch die große Befreiung.

Die erleuchteten Meister aller Zeiten und Kulturen künden von diesem ungeborenen »göttlichen Licht, das in der Finsternis leuchtet«.

So sagt auch der indische Vedanta-Meister Shankara aus dem 9. Jahrhundert, der als der bedeutendste Vertreter des Advaita-Vedanta gilt:

> Wie die Dunkelheit in ihrem Gegenteil, dem Licht, vergeht, ebenso vergeht auch das falsche Ich mit seiner Scheinwelt, wenn das strahlende Licht Brahmans – der göttlichen Wirklichkeit – im innersten Herzen aufgeht. Wenn die täuschende Hülle der geistigen Verblendung fällt, wird, wer Brahman erkennt, selbst zu Brahman.

Die Höhle des Herzens

Solange aber das Vordergründig-Sinnliche der äußeren Erscheinungswelt noch das besondere Interesse des menschlichen Bewusstseins beansprucht, ist der Mensch gebunden durch sich selbst. Denn durch die dunklen Wolken des unterscheidenden Denkens ist das innere Licht vom Schleier der Unwissenheit verdeckt. Deshalb ruft uns der chinesische Zen-Meister Huang-po zu:

> Der Geist ist von strahlender Klarheit erfüllt. Darum werft die Dunkelheit eurer alten Begriffe fort. Befreit euch von allem!

Erst in der vollkommenen Entledigung von allen äußeren und inneren Zwängen werden wir unser wahres Selbst erfahren. Das heißt: Erst in der Befreiung von allen Verhaltensmustern und Denkmodellen wird sich uns das unaussprechliche Geheimnis der mystischen Geburt Gottes im Grunde der Seele offenbaren. Dieser innere Seelengrund ist des Menschen Allerinnerstes – die Mitte unseres Seins, der Ursprung allen Lebens.

Es ist die »Höhle des Herzens«, in der das Licht unseres wahren Wesens wie die Sonne das ganze Universum erleuchtet und sich uns in der Schau ins Verborgene offenbart. Den Sinnen und dem Verstand unzugänglich, ist es die strahlende Herrlichkeit des Atman, unser wahres Selbst. In der Chandogya-Upanishad heißt es:

> Dieses Licht, das höher als der Himmel leuchtet, über allen Welten, jenseits von allem, höher als die höchsten Welten, es ist dieses selbe Licht, das im Innersten des Menschen scheint.

Im unendlichen Dunkel, im Innersten des Herzens, wird uns im Augenblick des mystischen Todes der Aufgang des inneren Lichtes zuteil. Von dem plötzlichen Aufstrahlen des göttlichen Lichtes als dem Ewigen im Menschen kündet auch der chinesische Zen-Meister Huang-po:

> Würdet ihr endlich alles begriffliche Denken in einem Augenblick abwerfen, dann würde sich euer wahres Sein manifestieren wie die Sonne, die in der Leere aufsteigt und das ganze Weltall ohne Hindernisse oder Schranken erleuchtet.

Das strahlende Licht der Wirklichkeit

Der »Große Tod«, wie es im Zen heißt, offenbart sich als die »Große Auferstehung«. So paradox es sich auch anhören mag, der Tod und Untergang des sich anklammernden kleinen Ichs ist der Aufgang des wahren Selbst. Was wir im Vorgang des mystischen Todes als ein Sterben empfinden, offenbart sich als der Übergang vom Tod zum Leben. Wir erleben unsere Auferstehung aus dem Reich der Toten.

Es ist der große Augenblick des Erwachens aus dem Traum einer vermeintlichen, vielheitlichen Welt. In diesem Durchbruch zu unserem wahren Sein werden wir emporgehoben über alle Begrenzungen eines erdgebundenen, menschlichen Daseins. Wir erleben unseren Aufstieg über die dunklen Nebel der Erscheinungen in das klare Licht der Wirklichkeit.

Die Mauer des Todes ist durchbrochen, der Schleier der Maya zerreißt und gibt das strahlende Licht unseres wahren Selbst frei.

Wo immer ein Mensch in der vollkommenen Entäußerung seiner selbst aus Liebe zum Göttlichen bereit ist, sich ganz hinzugeben, wird ihm die große Erfahrung des göttlichen Lichtes zuteil. Symeon der Theologe, der wohl bedeutendste christliche Mystiker der griechischen Ostkirche, war einer von denen, die zu dieser vollkommenen Hingabe bereit waren:

> Plötzlich erfuhr ich, dass er in mir selber war. In der Mitte meines Herzens erschien er wie das Licht der runden Sonnenscheibe.
> Und das Licht hebt mich über alles empor, und ich, der ich inmitten aller Dinge war, befinde mich außerhalb von allem, ich weiß nicht, ob nicht auch außerhalb vom Leibe. Nun bin ich in Wahrheit ganz da, wo »Er« Licht allein und einfach ist.

11

Rückkehr zum Ursprung allen Seins

Gott und Ich sind eins

Jenseits all dessen, was Sinne und Verstand zu fassen vermögen, werden wir die Wirklichkeit erkennen. Wir werden eins mit dem unendlichen Mysterium, indem wir hineinsterben in den dunklen Abgrund des göttlichen Nichts, das sich als die strahlende Fülle des göttlichen Seins offenbart.

Und so preist der christliche Mystiker Dionysius Areopagita das leuchtende Strahlen des göttlichen Dunkels:

> Oh, Dunkel des Schweigens! Es wäre nicht genug, von Dir zu sagen, dass Du wie lauter Finsternis in strahlendem Licht aufglänzest; nicht genug, von Dir zu sagen, dass Dein Glanz sich immer gleich bleibt; nicht genug, von Dir zu sagen, dass Du die Dunkelheit des Urgrunds mit der Leuchtkraft Deiner Fülle bis zum Bersten blendest und schöner bist als die Schönheit selbst.

Wenn die göttliche Wirklichkeit in das Leben des sich nach Gott Sehnenden hineinbricht, kann der Mensch, der zur Erleuchtungserfahrung gelangt ist, nicht mehr sagen: »Ich habe Gott gesehen.« Er kann auch nicht sagen: »Ich habe Gott erfahren«, oder »Gott hat sich mir offenbart«, sondern nur noch: »Ich und Gott sind vollkommen eins.« Mit den Worten Jesu im Johannesevangelium: »Der Vater und ich sind eins«. So sagt auch der weise Seher der Katha-Upanishad:

> Das Geheimis der Unsterblichkeit ergründet nur der Herzensreine, wenn er versunken in tiefer Andacht, erkennt: Das Selbst in mir und Brahman sind eins. Ich bin Brahman und Brahman ist ich. Einssein mit Gott, das ist Unsterblichkeit.

Der Erfahrende, die Erfahrung und das Erfahrene werden hier vollkommen eins. Mit den Worten von Meister Eckhart:

> Soll Gott gesehen werden, so muss es in einem Lichte geschehen, das Gott selber ist. Das Auge, in dem ich Gott sehe, das ist dasselbe Auge, darin mich Gott sieht – mein Auge und Gottes Auge ist ein Auge und ein Erkennen und ein einziges Sein.

Jedoch, um die Außergewöhnlichkeit dieser Aussage wissend, fügt Meister Eckhart hinzu:

> Solange der Mensch dieser Wahrheit nicht gleicht, solange kann er diese Worte nicht verstehen. Denn es ist eine reine, unverhüllte Wahrheit, die da direkt gekommen ist aus dem Herzen Gottes unmittelbar.

Blitzartige Erleuchtung

Das Erwachen zur letzten Wirklichkeit liegt aber stets jenseits allen menschlichen Vermögens. Die Erfahrung der Erleuchtung bleibt immer ein Gnadengeschenk.

Als solches wird es jedenfalls von denen empfunden, die von diesem Erlebnis geradezu überwältigt und im Innersten ihres Seins getroffen sind.

Sie erkennen: Der Verursacher des Erlebens bin nicht ich selbst. Vielmehr bin ich der Ergriffene. Die Erfahrung der Erleuchtung vollzieht sich daher meistens in Augenblicken außerhalb der Meditationszeiten und stets dann, wenn es nicht erwartet wird. Manch einem wird das Erleuchtungserlebnis zum Beispiel ganz plötzlich und unverhofft während des ruhigen Verweilens in der freien Natur zuteil. Gerade in dem Augenblick, wo wir entspannt loslassen – oder besser: selbst zum Loslassen geworden sind –, wird uns alles geschenkt.

Manch einem geschieht es auch beim Lesen einer Schriftstelle eines spirituellen Textes. Obwohl er denselben Text vorher vielleicht schon viele Male gelesen hat, ohne dass sich sein geistiges Auge dabei auftat. Oft ist es nur ein Geräusch, der Klang einer Glocke, ein Vogelruf, der Anblick eines vom Baum fallenden Blattes oder einer Blume, was zum unmittelbaren Anstoß der Erleuchtungserfahrung werden kann.

So wurde für den bekannten Zen-Dichter Basho aus dem 17. Jahrhundert, als er am alten Teich des Klostergartens saß, ein Geräusch, hervorgerufen durch den Sprung eines Frosches, zum Auslöser des großen Erwachens. Hierauf schrieb er sein berühmtes Zen-Gedicht, ein Haiku:

Alter Teich, vom Sprung eines Fröschleins
im Wasser ein Ton – plumps!

Auch der japanische Zen-Meister Imakita Kôsen (19. Jh.) gibt uns eine sehr eindrückliche Beschreibung seiner plötzlichen Erleuchtungserfahrung:

> Eines Nachts war plötzlich die Grenze von früher und später wie abgeschnitten, und ich trat ein in den herrlichen Bereich des Wunderbaren.
> Ich befand mich auf dem Grunde des »Großen Todes«, keine Wahrnehmung vom Sein aller Dinge und vom Ich blieb. Ich fühlte nur, wie in meinem Leib mein Geist sich zu zehntausend Welten ausweitete und ein unendlicher Lichtglanz entstand.

Die Feuertaufe des Geistes

Die Erleuchtungserfahrung ist der große Wendepunkt im Leben eines Menschen, der sein ganzes Wesen im tiefsten Grunde seines Seins erfasst. Er erlebt eine geistige Revolution, eine gewaltige »Feuertaufe des Geistes«, zur höchsten Bewusstseinsebene des allumfassenden universellen Bewusstseins.

Denn er hat in dieser Neugeburt einen neuen, völlig anderen Seinszustand erreicht, der seine ganze Sichtweise und sein Verhalten zum Leben vollkommen verändert.

Dieses Erleben beeinflusst aber nicht nur seine geistige Einstellung zu den Dingen; es verwandelt vielmehr sein ganzes Bewusstsein zu einem tieferen und allumfassenden Verständnis des Lebens.

Der zur wahren Natur des Geistes Erwachte befindet sich jenseits der Illusion von Geburt und Tod, so dass für ihn die Frage von »Sein oder Nicht-Sein« ihre Bedeutung verloren hat. Für ihn gibt es keinen Grund mehr, sich am Leben festzuklammern. Da er die wunderbare Einheit von Leben und Tod erkannt hat, befindet er sich vollkommen jenseits aller Dualität und individueller Beschränkung.

Er steht in der großen Bejahung und Fülle des Lebens, da er durch sein Hineinsterben in den »mystischen Tod« seine Neugeburt als Erwachter aus dem Traum von Geburt und Tod erfahren hat. Seine Befreiung aus dem Schattendunkel der Maya hat seinen Zustand der Verdunkelung des Geistes in den erleuchteten Zustand des unbegrenzten, überweltlichen Geistes verwandelt.

Er ist gestorben und wieder auferstanden von den Toten. Er ist der Erwachte, der Erleuchtete, der zum klaren Licht der Wirklichkeit erwacht ist. An ihm erfüllt sich das Wort des Johannesevangeliums:

> Er wird nicht wandeln in Finsternis, sondern wird
> das Licht des ewigen Lebens haben.

Der in der Erleuchtungserfahrung zur geburt- und todlosen Wirklichkeit seines wahren Selbst Erwachte erlebt sich als der immer gewesene, jetzt aber hervorstrahlende Selbst-Geist. In ihm ist die Geburt Gottes im Grunde der Seele zum lebendigen Ereignis geworden.

Er erfährt sich als ungeboren und unsterblich und als die Ewigkeit selbst. Er ist zum Ursprung allen Seins zurückgekehrt, zur unversiegbaren Quelle allen Lebens.

Glossar

Advaita-Vedanta Skrt., eines der drei wesentlichen philosophisch-theologischen Systeme im hinduistischen Vedanta. Sein führender Vertreter war Shankara aus dem 9. Jahrhundert, einer der größten Heiligen und Philosophen Indiens.
Der Advaita-Vedanta lehrt, dass der göttliche Allgeist →Brahman, das Selbst →Atman und die äußere Erscheinungswelt vollkommen eins sind. In Shankaras (9. Jh.) Viveka-Chudamani, dem »Kleinod der Unterscheidung«, steht: »Du bist Brahman, reines Bewusstsein, der Zuschauer aller Erfahrungen und dein wahres Wesen ist Glückseligkeit.«

Atman Skrt. Im Hinduismus das unsterbliche wahre Selbst des Menschen. Als absolutes Bewusstsein ist es der unbeteiligte Zuschauer hinter allen Erfahrungen und identisch mit →Brahman.

Bardo tibet., wörtl.: »Zwischenzustand«, bezieht sich auf den Zwischenzustand zwischen Tod und Wiedergeburt.

Die buddhistische Lehre betont sehr stark die richtungsbestimmende Kraft des Geisteszustandes eines Sterbenden (das heißt tugendhaft, nicht tugendhaft oder neutral) und auch die negativen Einflüsse von Gier, Hass und Verblendung während des Bardo selbst.

Brahman Skrt., das eine, ewige, alles durchdringende Absolute, Ursprung und Träger des ganzen Universums. Die Philosophie des Vedanta (→Advaita-Vedanta) lehrt, dass Brahman – das überpersonelle Absolute und →Atman – das wahre Selbst in allen Wesen eins sind. Brahman, die allein seiende Wirklichkeit, ist die Essenz und das Selbst (Atman) allen Seins.

Das Viveka-Chudamani, eine der bedeutendsten Schriften des Advaita-Vedanta, sagt: »Atman ist eins mit Brahman. Dies ist die höchste Wahrheit: Brahman allein ist wirklich. Es gibt nichts anderes als ihn. Wenn er als die höchste Wirklichkeit erkannt ist, existiert nichts anderes als Brahman.«

Die Erkenntnis, dass Brahman und Atman eins sind, gilt als das höchste Ziel, weil sie Befreiung von dem Gebundensein an den →Samsara, den Kreislauf von Geburt und Tod, bringt.

Buddha Skrt., wörtl.: »der Erwachte«. 1. Der historische Buddha Shakyamuni, der ca. 563 v. Chr. in Indien geboren wurde. 2. Ein Mensch, der die zur Befreiung aus dem Kreislauf von Geburt und Tod (→Samsara) führende vollkommene Erleuchtung (→Satori) verwirklicht hat. 3. Die letzte Wahrheit, das wahre Wesen allen Seins.

Buddha-Dharma Skrt. (jap. Buppo), das »Buddha-Gesetz«. Die Lehre des historischen Buddha Shakyamuni. Im Zen bezeichnet Buddha-Dharma jedoch nicht die Lehre, die durch Worte vermittelt werden kann, sondern die dem unterscheidenden, begrifflichen Denken unzugängliche höchste Wahrheit. Es ist jene essenzielle Wahrheit, die zu Buddhas Lehre führte und die nur in einem unmittelbaren Begreifen, in der Erleuchtungserfahrung (→Satori), erfasst werden kann.

Buddha-Natur Skrt., »Buddhata«, die wahre Natur aller Wesen. Sie ermöglicht dem Menschen, Erleuchtung (→Satori) zu erlangen.

Dharma Skrt., ein Begriff mit unterschiedlicher Bedeutung. Die Lehren des →Buddha. Die universelle Ordnung und ihre Gesetzmäßigkeit. In diesem Buch hauptsächlich im Sinne der Lehre des Zen gebraucht.

Dharmakaya Skrt., »Körper der großen Ordnung«. Das unbeschreibbare wahre Wesen der →Buddhas, zugleich das Wesen des Universums.

Karma, Skrt., wörtl.: »Handlung oder Tat«. Das Gesetz von Ursache und Wirkung, nach dem alle Gedanken und Handlungen eine entsprechende Wirkung nach sich ziehen. Hierdurch bestimmen wir die Qualität unseres eigenen Lebens und beeinflussen das Leben anderer.

Mahamudra Skrt., »Großes Symbol«. Hauptsächliche Lehre der Kagyü-Schule des tibetischen Vajrayana-Buddhismus. Mahamudra wird auch als das »Große Siegel« übersetzt. Hierdurch wird die Bedeutung der Endgültigkeit, wie bei einem Siegel, zum Ausdruck gebracht. Ähnlich wie bei der Dzogchen-Praxis in der Nyingma-Linie geht es bei der Mahamudra-Praxis darum, die Licht-Natur des Geistes direkt zu erkennen und so zur Erleuchtung (→Satori) zu gelangen.

Maya Skrt., wörtl.: »Illusion, Schein, Täuschung«. In der Vedanta-Philosophie (→Vedanta) ist Maya die Macht der großen Illusion. Sie verschleiert dem Menschen die Sicht, so dass er die letzte Wirklichkeit →Brahman nicht erkennen kann. Shankara bringt Maya mit Avidya, dem Nichtwissen in Verbindung. Das Nichtwissen, das heißt das Nichterkennen der letzten Realität Brahman, bringt durch Verschleierung die Wahnvorstellung einer äußeren Erscheinungswelt in Raum und Zeit hervor.
Der Mahayana-Buddhismus bezeichnet Maya als eine Täuschung oder Illusion, so wie ein von einer Fata Morgana erzeugtes Trugbild. Die einzelnen Dinge sind bedingt und haben keine Existenz aus sich selbst, sie sind letztlich leer (Shunyata) und reine Vorstellung.

Prajna Skrt., wörtl.: »Weisheit« (Pali: Panna, jap. Hannya). Im Mahayana-Buddhismus ist Prajna die intuitiv erlebte Einsicht in die Leere (Shunyata) aller Erscheinungsformen. Prajna ist eines der wesentlichen Kennzeichen der Buddhaschaft.

Samsara Skrt., wörtl.: »Wanderung«. Der Kreislauf von Geburt und Tod. Das wesentliche Ziel aller Buddhisten und Hinduisten ist die Befreiung aus dem Samsara und somit die Überwindung des Leidens. Es ist die Befreiung aus dem Gebundensein an das Rad von Geburt, Altern, Verzweiflung, Krankheit, Schmerz und Tod.

Satori, jap. (chin. Wu). Zen-Begriff für das Erlebnis der Erleuchtung, das heißt des Erwachens. Satori ist weit mehr als ein intuitives Begreifen des wahren Wesens wie bei einer Kensho-Erfahrung, da derjenige, der Satori erfährt, vollkommen in ihm aufgeht. Satori wird im Zen als die Wiedergeburt des wahren Selbst beschrieben, nachdem das falsche, illusorische Selbst, der Ich-Wahn, den »Großen Tod« gestorben ist.

Upanishaden Skrt.: Upanishad, wörtl.: »in der Nähe sitzen«, das heißt, in der Nähe des Meisters sitzen, um die geheime Lehre zu empfangen. Die Upanishaden sind eine Gattung von Texten, die den Schlussteil des Veda bilden und sind die grundlegende Basis des →Advaita-Vedanta. Sie behandeln die letzte Wahrheit und gehören zu den heiligen Offenbarungsschriften des Hinduismus.

Vedanta Skrt. →Advaita-Vedanta

Kontaktadresse

ZEN-ZENTRUM
TAO CHAN

Tao Chan Zentrum e.V.
Gemeinnütziger Verein
Wiesbaden

Das Zen-Zentrum Tao Chan steht unter persönlicher Leitung von Zen-Meister Zensho W. Kopp.

In den vielen Jahren seines Wirkens als spiritueller Meister hat sich eine große Gemeinschaft von Schülern um ihn gesammelt, die er regelmäßig unterweist.

Offener Zen-Tag

Zweimal im Monat veranstaltet das Zen-Zentrum Tao Chan in Wiesbaden einen offenen Zen-Tag unter der Leitung von Zen-Meister Zensho W. Kopp

Information und Anmeldung
Tel. +49 (0)611 940 623 -1 Fax -2
www.tao-chan.de
www.facebook.com/ZenZentrumTaoChan

ZENSHO W. KOPP

BUCH

Der direkte ZEN-Weg zur Befreiung

Hardcover, 232 Seiten, 14,95 €
ISBN: 978-3-937883-70-0 (auch als E-Book erhältlich)
EchnAton Verlag

Eine tiefe Weisheit, die verwandelt und befreit

In diesem Buch spüren wir die unmittelbare Direktheit und Freiheit des Zen. Mit klaren Worten, die jede Illusion aufdecken, bringt Zen-Meister Zensho das Wesentliche auf den Punkt. Er zeigt uns den Spiegel unseres wahren Seins und wir erkennen darin unsere stets gegenwärtige Buddha-Natur, unser ursprüngliches, wahres Selbst.

Seine klaren Aussagen sind erfüllt von solch einer geistigen Kraft, dass sie uns in unserem Allerinnersten berühren. Hierbei wird oft die Logik unseres begrifflichen, unterscheidenden Denkens erschüttert, so dass wir die Wahrheit jenseits aller Worte intuitiv erfassen können.

Eine Besonderheit in diesem Buch sind Zenshos 50 ausdrucksstarke Zeichnungen, die den Geist des Zen atmen.

ZENSHO W. KOPP

BUCH

ZENSHO W. KOPP

BUCH

Wahres Leben aus ZEN

Kompaktbuch, 144 Seiten, 9,99 €
ISBN: 978-3-937883-71-7 (auch als Hörbuch erhältlich)
EchnAton Verlag

Der Weg zu einem sinnerfüllten Leben und kristallklarem Bewusstsein

Zeitgemäß und lebensnah vermittelt Zen-Meister Zensho einen direkten Weg zu einem achtsamen und bewussten Leben. Er zeigt uns, wie wir mitten im Alltag, als dem wahren Ort der Übung, zu innerem Frieden, tiefer Weisheit und höherer Bewusstheit gelangen können. Hierdurch werden wir fähig, die Kostbarkeit jedes Augenblicks mit unserem ganzen Sein zu erleben und hellklares Gewahrsein des Geistes und aktives Handeln als eine einzige Wirklichkeit zu erfahren.

Zen-Meister Zenshos praktische Anweisungen zur Zen-Praxis mitten in der Welt machen das Buch zu einer sicheren Orientierungshilfe für den modernen Menschen des Westens.

Zensho W. Kopp

BUCH

ZENSHO W. KOPP

HÖRBUCH

Wahres Leben aus Zen

Spirituelle Selbstverwirklichung im täglichen Leben

Gelesen von Helge Heynold
1 CD, 75 Min., 14,99 €

ISBN: 978-3-86266-053-7
steinbach sprechende bücher

JETZT REINHÖREN!